Renate & Uwe H. Sültz

Bücher von A bis Z

GÜNLÜĞÜM

BoD - Books on Demand
Norderstedt 2020

Bibliografische Information durch die Deutsche Nationalbibliothek
Die Deutsche Nationalbibliothek verzeichnet diese Publikation in der
Deutschen Nationalbibliografie; detaillierte bibliografische Daten
sind im Internet über http://dnb.dnb.de abrufbar.

Herstellung und Verlag:
BoD – Books on Demand, Norderstedt
ISBN 9-78375-1-94858-6

benim hakkimda bilgi

_____

_____

_____

_____

_____

_____

_____

_____

tarih / saat

tarih / saat

tarih / saat

tarih / saat

tarih / saat

tarih / saat

tarih / saat

tarih / saat

tarih / saat

tarih / saat

tarih / saat

tarih / saat

tarih / saat

tarih / saat

tarih / saat

tarih / saat

tarih / saat

tarih / saat

tarih / saat

tarih / saat

tarih / saat

tarih / saat

tarih / saat

tarih / saat

tarih / saat

tarih / saat

tarih / saat

tarih / saat

tarih / saat

tarih / saat

tarih / saat

tarih / saat

tarih / saat

tarih / saat

tarih / saat

tarih / saat

tarih / saat

tarih / saat

tarih / saat

tarih / saat

tarih / saat

tarih / saat

tarih / saat

tarih / saat

tarih / saat

tarih / saat

tarih / saat

tarih / saat

tarih / saat

tarih / saat

tarih / saat

tarih / saat

tarih / saat

tarih / saat

tarih / saat

tarih / saat

tarih / saat

tarih / saat

tarih / saat

tarih / saat

tarih / saat

tarih / saat

tarih / saat

tarih / saat

tarih / saat

tarih / saat

tarih / saat

tarih / saat

tarih / saat

tarih / saat

tarih / saat

tarih / saat

tarih / saat

tarih / saat

tarih / saat

tarih / saat

tarih / saat

tarih / saat

tarih / saat

tarih / saat

tarih / saat

tarih / saat

tarih / saat

tarih / saat

tarih / saat

tarih / saat

tarih / saat

tarih / saat

tarih / saat

tarih / saat

tarih / saat

tarih / saat

tarih / saat

tarih / saat

tarih / saat

tarih / saat

tarih / saat